Gedichte für alle Liebeslagen

Gedichte für alle Liebeslagen

Herausgegeben von Anton G. Leitner

2021 Philipp Reclam jun. Verlag GmbH,
Siemensstraße 32, 71254 Ditzingen
Umschlaggestaltung: zero-media.net
Umschlagabbildung: FinePic®
Druck und buchbinderische Verarbeitung:
CPI books GmbH, Birkstraße 10, 25917 Leck
Printed in Germany 2021
RECLAM ist eine eingetragene Marke
der Philipp Reclam jun. GmbH & Co. KG, Stuttgart
ISBN 978-3-15-011315-8
www.reclam.de

Inhalt

Erster Akt

Liebe kommt

Manipulierte Glückskekssprüche
gegen geringen Aufpreis

Sei skandalös. Sei Sandalen lösend.
Werde tatsächlich tätlich.
Lasse es dir unter die Haut gehen,
in die Knochen fahren.
Sei der Funke im Pulverfass.
Schmore in des Anderen Saft.
Zeige heute Haut.
Nehme mich in Betracht.
Gehe mir auf den Grund.
Komme mit mir
vom Hundertsten ins Tausendste
in Teufels Küche
mit Engelszungen,
zähle den Countdown
an meinen Fingern ab.

INGO MÜLLER

Klassenfest

Juliabend.
Wie warm die Steine
noch sind.
Wir sitzen im Schulhof,
schneiden Viertelstunden
aus Pizzakartons,
lauschen den Mädchen
im Kreis um die Platte.
Das gleichmäßige
Klacken des Balles
wie der Zeiger
einer Uhr oder
das Klopfen von Herzen.
Ticktackticktack.
Wann stehen wir auf,
gehn hinüber?

Lilien in Bars

Die Distinguierten. Die Destillierten.
Auf dem Tresen in der Vase neben
anderen Gefäßen. Die Vasallen lässig
aufgereiht. Kontaktbereich. Bereit
für ein vergiftetes Lob und mehrere
Shots. Gefährliches Gelände. Ich sehe
die Hände, die andere Seite. Dies ist
ihr Reich, sie reicht die Drinks, betörende
Mischungen, fragt nach den Wünschen,
schieß los, räumt ab, schaut aufgeräumt:
Ich träume von einer Bestellung, Räumen
in Blüten, möchte in den lakenweißen
Kelchen reglos liegen mit ihr viele Stunden
nach der letzten Runde durch die dunklen
Gassen, die Getränke. Sie kennt die
Glaswand hinter sich genau. Am Glasrand
halten, unbeachtet, noch die Finger.
Nicht mehr lange und ich werde mich
ins Blumenwasser fallen lassen.

BRIGITTE FUCHS

Tupfenbluse

Ganze neun Tupfen sind auf der
Bluse zu erkennen die an einem
Kleiderbügel über dem Eingang zu
einer dieser Allerwelts-Boutiquen
hängt neun dunkelrote Tupfen auf
beigem Grund nun überlege ich
ist das nun eine getupfte Bluse oder
vielmehr ein bedeutsames ein
sorgfältig abgezähltes Spiel nach
Punkten ein Wink für Amors Pfeile
neunmal ins Rote zu treffen

feuersalamander

fand er
salamander
am feuchten rand der
wand er
zeigte mit der hand er
ihr den salamander
bevor im sand ver-
schwand er
der feuersalamander

da schien sie gleich entbrannter
dem mann der
ihr bekannter
dank dem salamander

Brücke

An einem feuchtheißen Tag mit welken Gardinen
die sich im Fensterflügel verfangen
verliert sich das Meßbare.
Alle Muskeln sind angespannt.
Der Leib eine biegsame Brücke
die gezähmt werden will
unter sich nichts als Abgründe.
Abgründe!
Welche Last hält ein Kreuz aus
das mit Füßen traktiert wird?
Bis zur Mitte gelangst du gefahrlos, und dann?
Wie noch den nächsten Schritt aushalten
der den Schmerzpunkt erreicht?
Wovon also reden, wenn nicht vom Schmerz
den von Lust nichts mehr trennt?

Alles, sagst du, sei eine Frage der Balance
und lachst wie bei einem gelungenen Witz.

Kuss

irgendwann
werden
Geschichten
die aus deinem Mund
fließen
mit einem Kuss
enden
wenn du mich lässt

LUTZ RATHENOW

Dancing

Schuld war nur der Bossa Nova
(Schlager)

Ich kann nicht wirklich tanzen, überhaupt nicht.
Ich habe bisher nie einen Bossa Nova zu Ende gehört,
flüchtete aus der Tanzstunde vor seiner Schrittfolge.
Gestern Nacht, drei Stunden Radio, die »Lange Nacht«
des Bossa Nova (ohne dämliche deutsche Schlager).
Dieser so einfache wie raffinierte Rhythmus –
leichter und fast im Takt bewegte ich mich
zwischen den Zimmern, sortierte beschwingt
Steuerunterlagen. Und dachte an Dich, wie schön
wäre es jetzt einen Bossa Nova zu tanzen, mit Fingern
auf Deiner Haut, ein Tippen und Wippen, Gleiten
und Geleiten – in einen Raum voller Zärtlichkeit.

Dreh ins Analoge

Abstand. Enthaltsamkeit. Eingefroren erstarrt
als wir Hotspots waren. Sonnenschein. Bleib.
Allein. Bei Tauwetter wird aus Fernstenliebe
Nächstenliebe auf kurze Distanz nimmt mein

Ich Fahrt auf beschleunigt mit Musik und
Maske in den richtigen Frühling and the birds
and the bees and the flowers and the trees

Das wird ein Honigschlecken wenn wir uns
treffen den Mundschutz ab und die Düfte
übereinander legen dann uns spüren
riechen atmen tasten schmecken lecken

eva

mittag und winter über einem flachen land
licht langsam und gerade · von keinem laub gestreut:
durchstochen scharfe bäume · einförmig graue felder
und hart umrissene häuser wie innegehalten
vereinzelt vor dem am rand verschwimmenden
    himmel
in dem die sonne sich auflöst · es ist was ich kenne
    von ihr:
gesicht und schulter auf einigen fotos · die stimme
    durchs telefon
was wir über andere uns erzählen ohne dass es sich
    in mehr
als den namen deckt · ein jedes zieht an
aber ist noch nicht eins oder mit sich · im reinen
der tag soweit er reicht · die ferne zu ihr
luft hell wie ihre haut dass sie beinahe zu schmecken ist
die beeren der misteln sommersprossen schon

Klosterurlaub

Die Liebe schläft hinter der Wand
Drei Mal läutet der Morgenwächter
Das Kehrblech Die Reste der Nacht
Schwirren hoch zu den Fliedermücken

Noch einen Tag hält sich die Sonne
Im Kreuzgang Unter dem Traumlaken
Geht dein Leib in die Lichtpause Jetzt
Wird nicht mehr gewartet Sag ich
In aller Andacht

RENATE MEIER

ein blick

in deine augen
genügt

du weißt bescheid
ich weiß bescheid

ein
verständnis

liebe

du gäihsd miä im kubf rum
iich gäih diä im kubf rum
du hasd miä mein kubf vädräihd
iich hou diä dein kubf vädräihd
iich bring di nimmä aus meim kubf
du bringsd mi nimmä aus deim kubf
edz schdennä mä dou mid unsre köbf
däi gehm und gehm ka rouh

(Fränkisch)

ALFONS SCHWEIGGERT

Zahlenfolge

Zum ersten Mal
war er zu zweit,
fragte zum dritten Mal
nach ihrem Freund,
erfuhr, dass er
nach dem vierten
der fünfte sei,
und obwohl er
das sechste Gebot
nicht beachtete,
war er im
siebten Himmel.

Zitroneneis

die allerletzte Hitzewelle
hatte sich in den Oktober verirrt
gebräunte Haut in Harmonie
mit Herbstlaub und Rennräder
auf der Flucht vor dem früheren Abend

sogar eine Sonnenbrille war noch chic
und stöckelte erhaben an uns vorüber
da machten wir die Äuglein klein
im grellen Licht der Erkenntnis
und ich kaufte uns Zitroneneis

du kostetest und sprachst
– und deine Augen blitzten weise –
da schmeckte sie dass es gut war
und wir lachten uns schief
und glückselig

Furioso

Sie hieß Eleonora
meine Klavierlehrerin –
zwei gleichaltrige Frauen
getrennt durch den Notenzaun

Während sie bereits konzertierte
eiferte ich im Anfängerspiel
wollte mit Terz- und Quinten-
sprüngen ihr näher und

näher sein, auf der Bank vor
ihrem Flügel, bis es dann auch
geschah, dass wir vierhändig

spielten – zwei musikbeflammte
Frauen – zuerst nur unsere Finger
hielten sich nicht im Zaum

Bindfadentelefonat

Bin mit Spaß gespickt,
schlüpfe in seine Treter,
Siebenmeilenstiefel.

Auf der Suche nach ihm
verheddere ich mich im
Kabelsalat analoger

Romanze

kurzer ritt mit john und coldplay
in einer schnellen maschine

es schlägt mein herz wie die maschine
rast zu dir mein tier blüht auf
am abend bald die nacht
steht bald asphalt im nebel
bald türmt sich bald auf bald
bald bin ich da
bin bald bei dir zu mir
vorbei an ampelaugen sternen
vorbei an mond und fernen wolken-
hügeln bald bin ich da bald da
in tausend stunden noch nicht da
höre ich coldplay und nenn' es *magic*.
hey mein teures ungeheuer schön dich zu sehen.

Halt

Es war irgendwo, irgendwo nicht
im Mittleren Westen, aber dort
hätte es sein können, die

Wartenden im roten Buick
Century GS, Baujahr 1973,
mit dem gedrosselten

Motor vor der hinfälligen Bahn-
schranke, Andreaskreuz, es
rollt ein Zug mit über 100

Güterwagen, rollt minutenlang
an beiden, die Hände über
Kreuz, vorbei, und

als das rote Schlusssignal endlich
in ihren Augen staubt,
die Schranke sich

hebt, der Motor röhrt, genügt ein
kurzer Händedruck, die Hochzeit
zu besiegeln.

HANS WAP

Die Sonne stand tief

für Pamela

Die Sonne stand tief als ich sie zum ersten Mal sah
das rote Haar steckte ihren Kopf in Brand
sie brannte lichterloh
ich war Feuer und Flamme

versprach ihr eine lange gemeinsame Zukunft
sie meinte, ich hätte zu viel getrunken

das Leben zog vorbei in wechselnden Konstellationen
sie ging mit ihm, ich mit der, dann mit der
und danach lange auf Reisen

die Uhr verschliss ein Zifferblatt
ehe wir es merkten, hatte Shakespeare uns
    zusammengeschrieben
dieselbe Stadt, dieselben Straßen, ein Telefongespräch
eine Verabredung in einem Nachtlokal

wieder versprach ich ihr eine lange gemeinsame
    Zukunft
wieder meinte sie, ich hätte zu viel getrunken

und doch ging sie mit und die Nacht dauerte
bis zum Nachmittag, Tage später

in der Landschaft aus Laken, Decken, Kissen
ertaste ich
die Hügel von Devon
die Bucht von Torquay
die Küste von Wales, den weißen Sand zwischen
    ihren Zehen
sechs Gänge, die kein Ende finden

(Aus dem Niederländischen von Rosemarie Still)

Zweiter Akt

Liebe brennt

Begegnung

ICHLIEBEDICH HCIDEBEILHCI
ICHLIEBEDICH HCIDEBEILHCI
ICHLIEBEDICH HCIDEBEILHCI
ICHLIEBEDICH HCIDEBEILHCI
ICHLIEBEDICH HCIDEBEILHCI
ICHLIEBEDICH HCIDEBEILHCI
ICHLIEBEDICH HCIDEBEILHCI
ICHLIEBEDICH HCIDEBEILHCI
ICHLIEBEDICH HCIDEBEILHCI

Was das Wort »Liebe« in anderen
Sprachen bedeutet

Auf Maromaramesisch: »Quatsch«
auf Psipsapsu: »Kladderadatsch«

auf Kappalesisch: »Ich vermiss dich«
auf Hillibulliba: »Vergiss mich«

im Morometischen: »Wie fade«
in Susu: »Feigenmarmelade«

auf Mamalu: »Ich bin im Eimer«
auf Mamalei: »Lass das, du Schleimer«

im Dialekt von Ratatekke
besagt es nichts als: »Landnacktschnecke«

auf Tschutschu heißt »Lie-be lie-bei«:
»empfindlich wie ein rohes Ei«

auf der Lianeninselgruppe
bedeutet es: »Bananensuppe«

im Vorstadtslang von Tschitschikock
besagt es: »Mir ist schwindlig, Doc«

auf Mutschi-Mutschi: »Ewig Sonne«
auf Futschi-Futschi: »Regentonne«

»Liebe« auf Kikks
bedeutet nix

in Mimamor
kommt es nicht vor

und in der Sprache der Kleroten
hat man es kurzerhand verboten

in Marsmensch-Sprachen muss ich sagen
bin ich leider nicht beschlagen

hosentaschen

ein portemonnaie aus schwarzem leder und
dann ein kamm und etwas das sich anfühlt
wie ein geldstück die autoschlüssel auch von denen
es kein doppel gibt dann dachte ich das war es schon
doch da ist noch die brille im etui
die karte auch vom letzten kinoabend
der kugelschreiber
den du mir jetzt reichst
zum aufschreiben
da ist
von einem nichtgekauten kaugummi der rest
ein krümel hier und da ein staub
daneben haustürschlüssel
und dann der zettel mit den guten worten
dort hast du dir die codes notiert
auch den vom handy das du immer bei dir trägst
und das jetzt ausgestellt ist
das taschenmesser marke opinel ein kompass
alles wartet lang darauf dass ich's berühre
aber am meisten du der du mich spürst
und meine hand die du in alle deine
taschen führst.

Zwei

Wachsen auf
Zehenspitzen

Zusammen

Nippen am
Himmel.

anspruch haltung

ich war noch nie ergreifend
und ans besitzen glaub ich nicht
doch bei deiner rechten hand
da meld ich eigenbedarf an
wie sie mir so locker im kreuz liegt
und ein korsett aus gänsehaut aufstreicht
das darf mich gern noch enger schnürn
damit ich mich verwickelt wirr
und immer nackter fühl
abends schäl ich mir unsern tag vom herz
häutchen so zwieblig fein
dass nebenan die jungfer weint

Die Berichte des Voyeurs: Das Picknick

Sie holt ihn nach der Arbeit ab. Sie fahren
mit einem Korb im Auto aus der Stadt.
Durchs Fenster greift der Wind nach ihren Haaren
und ihre Beine sind ganz weich und glatt.

So glatt und weich sind ihre ganzen Beine,
so abgeduscht, rasiert, so eingecremt,
dass er sie anstarrt, so als wärens seine,
in ihrem Kleid, am Saum dezent verbrämt.

Sie kommen durch diverse Geisterstädte
entlang der Bundesstraße. Dann und wann
berührt er ihren Schenkel, so als hätte
sie nur das Kleid und nichts darunter an.

An einem Flieder parken sie und laden
den Picknickkorb und eine Decke aus.
Und diesmal starrt er nur auf ihre Waden
und schneidet aus dem Flieder einen Strauß.

Sie setzen sich und rauchen und sie witzeln.
Dann wird sie ernst und beugt sich vor und will,
dass er sie leckt, bis ihre Zehen kitzeln.
Ansonsten ist es ungewöhnlich still.

　MARCO SAGURNA

Die Schlange

ist lang In der
Morgensonne vor
Rossmann

Clubfeeling Als der
Türsteher mir zum
Einlass winkt Diese

Augen über deinem
Mundschutz *wow* Dein
Blick herüber als

ich steh beim
Rasierschaum Über
dem

Mundschutz Da
beschlägt
mir die Brille

Die Maske

rutscht gern mal runter
aber die von dieser Frau
kommt nicht am Boden an

hat ihr kuscheliges
Plätzchen gefunden
zwischen ihren Kurven

mein Blick
gleich dort
hängen geblieben

der offene Mund
unter meiner Maske

keiner hat's gesehen

MANFRED CHOBOT

die gelegenheit beim schopf

klettern wir über die mülltonne
        ins haus
        spontan
beim fenster hinein
die kinder ausgesperrt
        im garten
        ein spiel
wer fängt wen und
eine gelegenheit
        meinen sohn
        deinen sohn
vergnügt fernzuhalten
wenigstens minuten
        ein ventil finden
        für unser begehr
im abstellraum endlich mal
die eingangstür verschlossen
        dahinter unsichtbar getarnt
        aufgestautes verlangen
scheinbar heiter bewältigt
spielerisch überwältigt

Liebesgedicht

Nachts das Getrippel der Marder
auf dem Dachboden
was schleppen sie hin und her
während wir Rotwein trinken
dem Wind vor dem offenen Fenster lauschen
und miteinander schlafen

tschuldigung
liebi

wenn miini händ
schale werden unter
diine brüscht

no berge si au
di herz

(Alemannisch)

Na, wenn de schon ma da bist, bleibste halt.
Ick setz da doch nich nackicht vor de Türe.
Und wenn de morjen wieda los musst, schreibste bald,
schickst Grüße und vakneifsta Schwulst und Schwüre.

Wir könn uns jut vatrajen, wir zwee beeden.
Son Scheeferstündchen dauert nur ne Nacht.
Zabrich da nichn Kopp, hör uff zu reden!
Die Zeit vajeht viel schnella als jedacht.

Ick zieh ma aus und leg ma schon ma nieda.
Du stehst am Fensta, qualmst noch een, zwee Fluppen.
Ick reekle ma n bisschen, streck de Glieda.

Du kiekst zum Himmel, ob de Sternchen schnuppen.
Da draußen isset Mai und riecht nach Flieda –,
und jetz komm her! Wir werdn det schon wuppen.

Im Sommer

Der Wind streift sachte über Deine Hügel,
und ihre Spitzen stehen steil hervor.
Ein Wohlfühlstöhnen steigt von Dir empor.
Ich glaub' schon fast, Dir wachsen Engelsflügel.

Da drehst Du Dich und zeigst mir Deinen Rücken.
Und damit wieder ein perfektes Bild.
Natürlich ohne Flügel. Und es gilt:
Kein Anblick könnte mich noch mehr beglücken.

Du spürst, wie meine Blicke auf Dir ruh'n
und Deine Schenkel sich ein Stück weit spreizen.
Du willst es. Jetzt noch nicht gleich tun.

Genießt zu sehr, mich weiter anzuheizen.
Du hebst die Hüfte lockend etwas an.
Verharrst. Und hauchst: »… bis einer nicht mehr
    kann …«

Stadtpark-Aphrodite

Das Kleid fließt ihr über den Körper
wie Milch über die Haut.
Ihre steinerne Brust riecht nach Vanille im Frühling,
nach Cardamom im Herbst.
Von den Wangen rinnen Regentränen,
die Zeit hat sie zärtlich gesalbt
mit Mondlicht, Moos und Wind.

Wer wollte ihr nicht Leben einhauchen
wie einst König Pygmalion,
den seine Minister für verrückt erklärten,
da er zu den Statuen sprach?

Mein Atem auf deiner Blöße

Dein Schatten fällt aufgewühlt in grobe Laken
Ich bekleide dich mit meinem Leib lass uns jetzt

Aus den Häuten fahren diese Nähe trennt uns
Für einen Augenaufschlag sind wir einander

Ausgeliefert selbst dein Schweigen hat ein Echo

komm

weil du so verrückt bist
nach mir
komm
heimlich
du weißt ja
ich weiß ja
und zieh die Schuhe aus
und rück das Bett von der Wand
ich weiß
die Schwingungen übertragen sich
die Stadt draußen atmet schneller
der Plüschbär schiebt sich plötzlich
zwischen uns
der ist auch verrückt

MARINA MAGGIO

Alltägliches Hymnensingen

Wir schließen die Fenster blickdicht.

Unsere Kleidung unsere Schuhe   Strandgut
an Kleiderbügeln, überm Stuhlrücken
auf dem Teppich.

Du holst die Fingerfarben aus dem Schrank
malst mir tragbare Gärten rund um meinen
Nabel für den Morgen danach.

Du bewässerst meine Brüste mit weichen
Lippen   erfindest eine neue Sprache
für den Kolibri der an meiner Haut saugt.

Unterm Klang der Kirchturmuhr verrauschen
unsere Herzschläge verpixeln wir unsere
nackten Körper

Laden Sie mich ein die Nacht
in Ihrem Mund zu verbringen

(Joyce Mansour)

Mach deinen Mund auf
Ich will die Nacht in ihm verbringen
Und mach mich auf
Verbring die Nacht in mir
Du weißt, der Wind:
Er zerrt und reißt an mir
Und der Hang hinter dem Hügel
Droht dich zu verschütten, Tag für Tag
Drum lass uns wandern an den Ort
Der uns behagt und schützt

Und hier wie da:
Mach deinen Mund auf
Ich will die Nacht in ihm verbringen
Und mach mich auf
Verbring die Nacht in mir
Solange ich behütet bin in dir und du in mir
Solange muss ich Gott nicht suchen
Denn Gott sind wir
Oh, Gott sind wir

Es ist hart es ist
Es wächst ins Weiche es
Es wütet im Unten im Unten

Die Zehen zieren es die Füße
Gehen nicht es bleibt empfindlich
Spitz zulaufend auf beiden Seiten

Es ist dringlich es kommt es
Es muss eindringen ins Kopfende
Ins Warme ins Sterben nur kurz

Es riecht nach dir nach mir es
Es will uns wieder
Es kommt es

eifersucht

töte mich

damit du endlich
mehr platz hast
in dir

Liebesgedicht (prä)positional

ich lieg so gerne neben dir
ich lieg so gerne zwischen dir
ich lieg so gerne unter dir
ich lieg so gerne über dir

ich lieg so gerne vor dir
ich lieg so gerne hinter dir
ich lieg so gerne auf dir drauf
ich lieg so gerne in dir drin

ich lieg so gerne bei dir
ich lieg so gerne an dir dran
ich lieg so gerne um dich drum
ich lieg so gerne mit dir rum

Lecker

brotlos am liebsten
nur vegetarisches
esse ich abends,
beiße am morgen
etwas verschlafen
in deine brust das
lager ist noch warm,
wir üben es täglich
und ich überlege
jeden abend neu:
was mag ich zum
nachtisch am liebsten

eines tages bei nacht

auf ewig
einander
zugestoßen

Wir

spitzen die Nacht an
legen Hand ans Fell
Dickicht sind wir uns

ganz nah geht der Morgen
vorbei sind wir zu weit

gegangen:
legten Feuer

DIRK VON PETERSDORFF

Fragen zu einer Augustnacht

In Kiel? Ja, der Mond durch die geöffnete
Balkontür über den Werftkränen,
die wie hohe Tore aussehen.
Möwen rufen auch nachts? Ja, wusste ich nicht,
überm schwarzen Hafenwasser, spiegelnde Wellen,

durch die ich mit meinen Fragen als Ruderschlägen
    gelange –

Wellen ihre Haare überm Rücken, aber
kann ein so schmaler Rücken die Weite sein?
Ja, er kann, und eine handliche Person wie sie
uns beide in den sechsten Stock einer Augustnacht
    heben
und viel höher, ein Fahrstuhl aus Nähe? Offenbar.
Was haben die Möwen gerufen?

Ich muss nachlauschen, hier, wo Regentropfen
vom Schilfgras rinnen, dort hautwarm,
mondkühl, dort

liegt sie, aus Hebung, Senkung, in der Schulter Schlaf,
ich aufgestützt, und wie wacht sie auf,

wenn ich sie, aus Versehen, berühre:
schnaubend, erstaunt, wohlwollend, mit einem
    »Na«?
Ja, genau so, und dann auch gleich
die vollständige Umarmung, ja,
eines Augustmorgens in Kiel.

Dritter Akt

Liebe geht

Lehrerin

Das war wenn sie den Raum verließ
als würden wir von einer Insel
weggezogen. Planeten und Sätze:
Die Erde ist das Äußere der Seele

Ferientage mit Lupenlicht
Vergrößert ein Bussard hoch und nahe
Auf der Leitung Star und Ammer
und die Sonne überschmiert

mit feuchter quergelegter Kreide
von übermütigen Jungs an der Tafel
die gelbe Scheibe der Lehrerin

Ein Nagel war ihr abgebrochen
und einer hebt den roten Mond
gibt ihn sein Leben nicht mehr her

tanzstunden

einszwei, sagte frau graf und schnippte
mit glühenden fingerspitzen. silbern schuppte

das licht der diskokugel
auf uns herab, noch nicht ganz gigolo

und femme fatale, noch still und bleich
auf unseren stühlen, unschuldig wie die milch,

die insgeheim den zustand butter
herbeisehnt, mit krawatte oder puder

und lippenstift, in strickkleid und blazer,
unbeholfen der fruchtblase

von slowfox oder swing entsteigend,
auf dürren beinen bis zur mitte staksend

übers gewienerte, gewalzerte parkett –
robert zwei köpfe zu hoch für brigitte,

susanne doppelt so breit wie pascal,
ein jeder des anderen jahrmarktspiegel –,

die hände feuchter, fahrig die gebärden,
die schuhe auf einmal drei nummern größer
    (pardon),

und dann das wirbeln, kreiseln, drehen …
kaum abzusehen,

derweil frau graf auf fünfundvierzig stellte,
wohin das alles einmal führen sollte.

Meine große Schwester

Meine große Schwester kennt
viele Spiele –   aber zurzeit
will sie immer nur eines spielen
»Er liebt mich. Er liebt mich nicht.«

Das geht jetzt schon seit Tagen so, seit Wochen –

Als sie durch war mit den Gänseblümchen
kamen die Sonnenblumen dran.
Die Magnolien waren schwer zu erreichen
doch mit den Tulpen ging es leicht.
Die Iris hat sie nicht verschont –
und selbst ein wenig Farnkraut kam ihr gerade recht.
Die Rosen hat es dann zuletzt erwischt.

Jetzt ist fast nichts mehr übrig
in unserem Garten. Und meine Schwester
hat es sich anders überlegt
mit dem Typen, den sie mal mochte.

(Aus dem Englischen von Michael Augustin)

Die Loliten von Charkiv

Der Tag war kurz, die Jahre vergingen nie.
So war die Jugend.

Scheinwerfer tauchten sie kurz ins Licht.
Kurz auch war die Hochzeit, schnell.

Schaut auf die Brust.
Schaut auf die Haut.
Aus Adern besteht die Welt,
aus laufendem Motor.

Dreht euch in eurer Sehnsucht.
Denn hirnrissig schön seid ihr.

SALLI SALLMANN

Berliner Aprilgedicht

Schön ist es im April in Berlin,
endlich hört's auf zu wintern.
Ich lege mich zum Träumen hin
und träume vom Machen von Kindern.

Ich träume von einer schönen Frau
und von ihren warmen Brüsten,
und dass wir vor dem kleinen Glück
nicht erst groß reden müssten.

Schön ist es im April in Berlin,
mir fließt schön Bier durch den Hals.
Mir wächst ein Stutzerbart am Kinn,
denn ich bin auf der Balz.

Die Sehnsucht drückt. Die Stadt wird grün.
Ich warte auf Zärtlichkeiten.
Ein schöner Grund, um in Berlin
im April an der Welt zu leiden.

heute im tarnanzug
zweiundvierzig mal
durch dieselbe straße
gegangen
von einer kreuzung
zum anderen ende

keine spur hinterlassen
nur einmal dir leise
vielleicht unbemerkt
im vorbeigehen
guten morgen
zugeflüstert

Lied

Ich möchte Mähnenwölfe Lyra lehren
    und Leiden lindern: beispielsweise Gicht.
Ich will die ganze Welt zu mir bekehren
und Meere leeren, aufbegehren;
    aber ohne dich will ich das nicht.

Ich will ein großes Werk mit Worten dichten,
    die irgendwer vor langer Zeit vergaß.
Ich möchte Gott in Faustball unterrichten
und Wälder lichten, Kriege schlichten;
    aber ohne dich macht's keinen Spaß.

Ich möchte Lieder ohne Noten singen,
    wobei: Genau genommen will ich schrein.
Ich will bis an den Rand des Kosmos dringen,
bis – Bingen oder Sindelfingen;
    aber ohne dich lass ich das sein.

es ist gut dass wir uns nicht berühren dürfen
das könnte was übertragen / was entzünden
zwischen uns keimt schnell etwas auf
& überhaupt hast du mir schon immer
gern was vor die augen geschmiert

es ist gut dass wir uns nicht mehr treffen können
mal so eben zum kaffee / mal so eben zum tee
mal so eben zum sex / weil du kontakt hattest
zu einem bestätigten fall / der nicht ich bin

es ist gut dass wir nicht mehr reisen können
zusammen in ein risikogebiet unserer seelen
es ist gut dass wir uns desinfizieren / unsere
hände steril halten / unsere worte / dass wir
die bakterien unserer begierde tilgen
& die kurve flachhalten

THOMAS HALD

was ich von dir habe

samstag nachmittags gehst du
wieder von mir fort. hast deine

lange perlenkette vergessen. auf
meinem schreibtisch liegengelassen

ein schönes häufchen schmuck.
in meinem schrank hab ich

noch andere dinge von dir:
deinen föhn, die haarbürste

sowie zwei paar feine schwarze
halterlose strümpfe. das ist alles.

aus Liebe zu Zeltplanen

räum doch du mal den Tisch das Glück ab
nach unseren Augenblicken die Krümel
weg, die zerbröselten Reste deiner Anwesenheit
klopf aus, an meinem flatterhaften Fenster
auf die Straße hinunter. wo die Steine des
Kopfsteinpflasters liegen, still, wie Vorwürfe
an mein gefährdetes Herz, das rappelt, als wärst
du mehr als nur zur Tür hinaus, gegangen.
die Tür ein Mann, äußert sich nicht.
das Fenster eine Frau, lässt mich durchblicken.
damit ich sehe, du bist unterwegs, dorthin
wo die Steine deines Kopfsteinpflasters tuscheln
mir zu, wie durch die Telefonmuschel: zu Haus.
dies morsche Verlassensein aber wenn ich weiß
du hebst ab, wieder, für eine größere Stadt,
größere Frauen als mich, Diotima der fahrenden
Liebe, die aus Wolken Zeltplanen gewinnt

ich erinnere mich
an deine nacktheit
an das morgenlicht
eines der fenster näherte sich
und sprach vom neuen tag
dein mund schwieg
nirgends ein nachmittag
für unsere küsse

Hinter der Hecke, nach 100 Jahren

Der Prinz näherte sich endlich Dornröschen.
Sie träumte so schön.
Da ließ er sie schlafen.

ANNA MÜNKEL

Hinter Deinen Augen

Hinter Deinen Augen
Sehe ich das Meer
Wir sitzen am Strand
Die Sonne lacht uns an

Hinter Deinen Augen
Sehe ich die Berge
Wir wandern hoch hinauf
Auf alles schauen wir hinab

Hinter Deinen Augen
Sehe ich die Steppe
Wir in der grünen Weite
Büffel um uns herum

Hinter Deinen Augen
Sehe ich die Wüste
Aus Uneinigkeiten
Weil wir uns mal wieder streiten
Wohin wir diesmal verreisen sollen

Seitensprung

Ein Missverständnis
sagst du
ich frage nach
du deutest an
ich deute um
ein Missverständnis
sage ich
ist das nicht
du drückst mich
lächelst
und wenn schon
sagst du
ich liebe dich

rote bettschuhe

hauptproblem bei der trennung war
die wunderbare schallplattensammlung,
die sie sich gemeinsam zugelegt hatten,
das war ihrer beider großes hobby,
die große gemeinsame leidenschaft.
es fliegt eine münze, zahl oder kopf,
zahl fängt an mit dem aussuchen.
sie gewinnt und nimmt sich die erste platte,
dann kommt er und dann geht's so hin und her.

sie kennt ihn besser als er sie,
sie durchschaut ihn und weiß,
welche LP er als nächste nehmen würde.
sie nimmt sie und er stöhnt jedes mal leise auf.
an einer LP von tom waits bleiben sie hängen,
    »rain dogs«,
das war ihre gemeinsame musik,
bei dieser musik hatten sie zum ersten mal
auf einem fest miteinander gesprochen,
später etwas rumgeknutscht,
das war ihre musik und sie legen sie auf.
es folgen andere platten noch,
man will sie nochmal hören,
bevor sie für immer futsch sind.

adriano celentano, in italien gekauft,
lucio dalla, in meran gemeinsam auf einem open air
    gewesen,
den doors nach london hinterhergereist
und den stones nach new york.
wann war das, das is bestimmt scho 20 jahr her,
sie: nein genau 22,
du hast mir damals diese heißen roten schuah
    gschenkt,
woasst as nimmer, mit denen hat ma gar net gehn
    können,
de warn praktisch bloß fürs bett.
wahnsinn, wie die zeit vergeht,
und weißt du noch die lebensmittelvergiftung,
die du dir von diesem komischen trockenfisch
    geholt hast,
und die pension, in der die ganze nacht
das licht ausganga is und immer wieder an,
und uns des aber total wurscht war vor lauter.
so verlieren sie sich in ihrer gemeinsamen geschichte,
immer wieder legt einer eine platte auf,
bevor sie auf den plattenstößen des anderen landet.
plötzlich ist es 4 uhr morgens und er sagt:
komm, lass es uns nochmal probieren miteinander,
und sie sagt: o. k., aber nur wegen der schallplatten.

HOLGER KÜLS

Folgen

Liebe macht blind
sagt sie

also taste ich mich
durch unser Leben

renne gegen die Wand
stoße mir den Kopf

ich liebe diesen Schmerz
mehr als alles andere

Anfang

Die Blicke suchen sich nicht mehr
die Hände nicht
die Worte nicht

Wo ist der Anfang hin
sagt er
War er Betrug?

Wir hätten den zweiten Blick wagen müssen
sagt sie
den dritten
Hände können auch stützen
Wir hätten sprechen müssen
weiter
neu
Der Anfang war Gabe
und Aufgabe

Er ist es noch.

WOLFGANG OPPLER

Erinnerung

In einem mit Intarsien verzierten
und mit rotem Samt ausgeschlagenen
Ebenholzkästchen
bewahrte sie 62 Jahre lang
all die Briefe auf,
die er ihr nie geschrieben hatte.

Tanztee

im Seniorenheim.
ihr kleiner Enkel
will sie drehen,
Pirouetten sehen.

der einzig alte Mann
fängt sie in seinen Armen auf.
sieht nicht das Leuchten,
die Glut in ihren Augen.

Er zieht's durch

Als du
mich verlassen hast,
nahm ich mir vor,
nie mehr
an dich zu denken.

Auf mein Wort ist
Verlass:
Ich denke ständig daran,
nie mehr
an dich zu denken.

verwaist

unser bett
seit ich allein drin schlafe
ist ein verwaister gegenstand
fremd geworden ein sperrmüllstück
stört steht im weg
frag mich im stillen
was soll ich darin
kann sonstwo schlafen
es war einmal
nicht wegzudenken
von dir und mir
jetzt glaub ich zuweilen
es macht sich lustig
über mich dich uns
wie eine neidische alte
die sich hämisch ins fäustchen
lacht und denkt
jetzt seht ihr mal

Was bleibt

Ich habe von dir nicht viel behalten
zwei Fotoalben ein paar Postkarten
an deren Inhalt ich nicht mehr glaube
einige gute Flaschen Wein

die Briefe habe ich weggeworfen
das angeblich wertvolle Bild verschenkt
auch die Gitarre und bald werde ich deine
Stimme auf dem Anrufbeantworter löschen

bleiben wird von dir dann die Zukunft

was mir fehlt

mir fehlen die worte
dir zu sagen
wie sehr mir
die worte fehlen
und du

Philemon & Baucis vom Meileshof

Ihr Garten ruht nun verwaist
Im Gefilde:
Dort, wo der Rain abschüssig geht
Wo die weiten Felder aneinanderstoßen
Wo das Dorf lange zu Ende ist
Dort schufen die beiden Alten
Über Jahre
Einen friedlichen Ort.

Zogen tagtäglich den
Kopfsteingepflasterten Weg hinauf
Auf den Hügel
An ihrer Seite
Den grau gewordenen Schäferhund.

So viele Schollen gewendet
So viele Steine geschichtet
Hecken und Stauden gepflanzt.
Ihr Garten war
Gestalt gewordene Lebenszeit
Als die Tage beschwerlicher wurden
Und der Gang ihrer Schritte sich
Verlangsamte.

Bis sie plötzlich starb.
Nur wenig später folgte er ihr nach.

Nun sind die Fenster und Türen der Laube
Verschlossen.
Die Beete liegen brach
Die Bänke stehen verlassen
Vor der Aussicht.

Sie konnten nichts mitnehmen.
Nur jeden einzelnen genossenen Tag.

Vierter Akt

Liebe bleibt

Kleine Welt Runde
mit F.

Alles, was ich brauche
Um mich: Du, will sagen
Bist der Halt, aber drehst dich
Mit mir im Kreis.
Wir beschreiben uns selbst
Im Drehen erst richtig:
Mann und Frau
Bis das Karussell still steht
Halten wir stand

Ich brauche deine Hand auf meiner
Stirn und deinen Mund an meinem
Ohr an jedem Abend. Keiner
braucht dich so, ich lausche deinem

Flüstern, süchtig, brauche deine
Zuversicht, wie sinnlos sie auch
zu mir spricht, da kaum noch eine
Hoffnung bleibt, egal, ich brauch

nur deine Hand, die mich berührt,
und deinen Mund, der drauf besteht,
dass Zeit zu etwas Neuem führt,

und über vieles erst sehr spät
entschieden wird. Ich hör dir zu.
Was an mir einzig ist, bist du.

endlich

ruhe ich
in mir

seit ich
neben dir

einschlafe

AugenPaare

Deine Augen sind braun
tiefbraun mit schwarzem Kern
oft einfach nur schwarz
Früchte: Liguster Nachtschatten Holunder Tollkirsche
Tieraugen, je nach Licht: Reh Haselmaus Koboldmaki
Auch Edelsteine: Achat der sich gut machen würde
in Silberfassung
Zwei Ohrringe für Anna Karenina
Mantelknöpfe
schimmernd im Halbdunkel
Mitunter funkelnde Dolchknäufe
aus Toledo –

Meine Augen
grau-blau – mehr grau –
nicht wie das Meer
oder doch wie das Meer, sagst du
das noch nicht ganz entschlossen ist
ob es das Meer sein soll
Meer an einer nördlichen Küste
kalt, England vielleicht
ein winziger Ort, wo nichts zu sehen ist
eine Plastiktüte weht über den leeren Pier –

Deine Augen
sehen nicht mehr ganz scharf
Du hast zu viel Zeit am Meer verbracht
Du hast zu lange aufs Meer geschaut
Jetzt kommt der Nebel –

Meine Augen sehen
noch immer so scharf wie das Meer
das an einem eisigen Tag
ganz plötzlich Lust auf Schwarzkirschen hat –

Schwarzkirschen

den ganzen Tag denkt das Meer
nur an ein Paar Schwarzkirschen

Schwarzkirschen
Schwarzkirschen

Ich bin nachts aufgewacht und wusste nicht –
Und wusste lange noch nicht – wer ich war,
Bis da der Atem war, in dem ich lag,
Und da dein Arm, der mich am Leben hielt,
Wie schon im Traum, in meinem Traum,
Der Licht und Stadt und mich verbarg.

In einer Welt, in der nichts für mich spricht,
Lag ich hier wach, lag ich hier neben dir
In deinem Arm, in dem umarmten Arm
Und im Umarmen, das mich bei dir hielt
Und das mich hielt, im wachen Traum,
Ganz still, und das ich halten will.

Ich liege weiter wach, du hältst mich aus,
Und deine Stirn schiebt schlafend meine Stirn.
Ich sehe wach, wie deine Arme atmen
Und wie du mutig meine Nacht beträumst.
Die nahe Stirn macht mir bewusst,
Dass ich mir nichts bedeuten muss.

Hälften des Apfels

Die mit der Druckstelle
hast du für dich genommen

Warm wie bei Sonne ein seidig
handgewebter Regen

Die Idee von dir in mir

> *Wir stehen umschlungen im Fenster,*
> *sie sehen uns zu von der Straße…*
>
> (Paul Celan, Corona)

Geister sind wir, du und ich, Verbrecher
ohne Verbrechen, unsichtbar auf Straßen,
die noch zuzulaufen scheinen auf etwas,
das längst so weit entfernt ist wie, sagen wir,
die Schließung der platonischen Akademie.

Woran erkennt man Ihre Liebste, fragt der Polizist.
Ja, woran erkenne ich dich? In deinem Pass steht:
Augen grau, obwohl sie sonntags blau sind
und schilfgrün beim Küssen. Ihr Fingerabdruck?
»In ihren französischen Büchern, doch jeder ist
    anders.«

Und sonst? Wenn die Treppe zur Trommel wird,
Sprünge klingen, als gehe es um Leben oder Tod –
wenn eine Lady plötzlich verschwindet, wenn
sie sich zartnäckig die Freiheit nimmt,
nicht hier, nicht dort, nicht nirgendwo zu sein –

Dann weiß ich: Das bist du! Das sind wir –

während die Dinge inzwischen abwesend tun,
sich in ihre Mysterien flüchten, trotz
ihrer körnigen Dichte, ihrer Kirschblütenorgien,
an die wir uns so lebhaft erinnern, als seien sie
noch da. Und sind sie das nicht auch?

Wir müssen fort, sagst du. Doch kommt es
auf unsere Entscheidung schon fast nicht mehr an.
Was geplant war, fächert sich auf, breitet sich
mit verwirrenden Zweigen über die Straße
oder über das, was damals Straße hieß,

als du noch unsichtbar warst und doch ganz da
und die Idee von dir in mir vibrierte.

Du

Mein Zäpfchen
Mein Giräffchen
Mein Supermoon!

Du
Mein Goldzahn
Mein Haudegen
Meine Kraulquappe

Du
Mein Nastuch
Mein Buchrücken
Mein Schnürsenkel

Du
Mein Fiat
Mein Dampfer
Meine Tante Ju!

Du
Mein Hochsitz
Mein Eckball
Meine Liegewiese

Du
Mein Mäuschen
Mein Fäustchen
Mein Käuzchen

Du
Mein Komma
Mein Gänsefüßchen
Mein Enterhaken

Du
Bist mein
Ei und
All!

wie lieb ich dich

dich lieb ich, oh, wie lieb ich dich
ach, wie lieb ich dich
oh, wie lieb: ich dich
und du, wie lieb, liebst mich

oh, wie liebst du mich
ach, wie liebst du mich
liebst du mich, lieb ich dich
lieb ich dich, liebst du mich, lieb ich dich

wenn du nur bei mir bist
oh, wenn du bei mir bist
bist du nur bei mir, bei mir
bei mir, wenn du nur bei mir bist

hier bin ich, hier
wenn du nur bei mir bist
bei mir hier, hier bei mir
wenn du nur hier bist bei mir

bin ich bei dir
wenn du nur bei mir bist
hier bei mir, ich bei dir
bei dir hier, du bei mir, hier bei dir.

Super Slow Motion

Diesen Moment,
wenn du an der Zigarette ziehst
und den Rauch ausatmest
und deine Augen ganz klein werden,
weil ich etwas sage, das dich zum Lachen bringt –

immer wieder und langsam
und mehrmals täglich.

ANDREAS NOGA

Das Stückchen Haut

Das Stückchen Haut
über deinem Gürtel,

freigegeben vom Shirt,
das ich mit Blicken

küsse.

wir sind so fragil

der fuß ist am morgen ganz dick
von einem stich die mücke
flog längst wieder fort und ließ
den fuß so zurück
ich kann nicht laufen
sage ich dir und zeig die dicke beule
hier schau das war einmal mein fuß und auch
die augen schmerzen noch vom lesen
gestern nacht
dabei bin ich doch gerade erst erwacht
du streichelst sanft über meine arme und
legst die finger auf meine augen bis sie sich schließen
ich kann nicht schlafen sage ich
und lehne mich an dich
und gebe mich
deiner berührung
hin

HELLMUTH OPITZ

Im Nachglühen

Nach all den Jahren noch einmal
sagen: Du Schöne
und dann innehalten,
weil ich weiß, dass du
das eigentlich nicht magst.

Plump findest du das, platt.
Dabei ist es nicht so
platt wie der Klee,
auf dem wir jetzt liegen
im Nachglühen des Mittags.

Und überhaupt:
Jetzt sagst du nichts dazu,
während der Wind
das Reden übernimmt und
durch die hohen Halme fächelt.

Dann aber, ganz plötzlich,
beugst du dich über mich,
und mit einem Mal springen
Küsse wie Grashüpfer
über mein Gesicht

und zwischen zwei
Atemlosigkeiten flüsterst
Du Schöne mir ins Ohr:
Schade, wir hätten so herrlich
unglücklich sein können.

das geräusch wenn du schreibst
mein nord- du mein wortstern ein sanftes
tier im sonntagsrock hör ich andere

münder sagen hör deinen berührungen
zu und will mit dir gedichte zeugen denn
wir sind eine antwort auf die es keine

frage braucht ein ozeanisches gefühl
und doch riskieren wir uns in jeder
strophe *neu*

für r. h.

alle reisen storniert, der himmel bleibt
leer für diesen sommer. zuletzt kehren wir
an den anfang zurück, wachsen ein
in den garten, lesen im geäst vom rauschen
der vergängnis. im radio die frage,
ob das jetzt das ende. wir antworten
in der vogelsprache: vielleicht
wird er doch nochmals tragen,
der alte apfelbaum, die futterstellen sind
schon wieder leer. wir hatten gedacht,
über corona sei alles gesagt (es ist zeit,
dass es zeit wird), doch die meldungen
changieren stunde um stunde, und wir
erproben berührungen, die andernorts
verboten sind. du schaust in den garten
und liest auf meiner haut, was ich dir bin.
vielleicht ist das jetzt erst der anfang.

Robinson und Freitag

Da kommen sie.
Sie drehen ihre Abendrunde,
und die Nachbarn hinter den Gardinen tuscheln:
Gleich, wenn die um die Ecke sind,
dann gehn die wieder Hand in Hand.

Aber ihre Hände bleiben,
wo sie sind.
Denn um die Ecke hörten sie schon mal
mit Augenbrauenzucken sagen:
Wir sind hier ja tolerant,
aber das können die ja wohl
in den eigenen vier Wänden tun,
schließlich ist der eine
bei dem andern eingezogen.

Was man nicht sieht, ist:
dass die Familie des einen
ihn nur allein zu Weihnachten einlädt
(der Kinder wegen)
und die des anderen
nie wirklich 'ne Familie war,
dass einer in der Krise

all seine Aktien verlor,
der andere an *Lucky Strike*
den halben linken Lungenflügel,
dass einer Blutdruck hat,
der andre Blase
und keiner richtig dichte Segelklappen mehr.

Zurück auf ihrer Insel
nimmt einer seine Herztabletten,
der andre ein Entspannungsbad,
gießt einer die Kartoffelchips in eine Schale,
der andre in zwei Gläser Cola-Rum.

Sie zünden eine Kerze an,
schalten in die *Tagesthemen*,
vor dem zweiten Beitrag, aber,
fallen einem schon die Augen zu.
Da nimmt der andre ihm die Brille ab,
breitet die Polyesterdecke über seinen Bauch,
küsst ihn auf die Stirn und flüstert:
Ich dich auch.

unsere tage
bücher
vergriffen

die erste auflage
die einzige unseres
lebens

uns zu lieben

Liebesbrief

an den Kopfkissengesellen
von vor dreißig Jahren:

Weißt du noch, wie ich meine hellen
mit deinen braunen Haaren
zusammenflocht am Morgen?

Wo sind wir beide inzwischen
so lang nur gewesen!

Mein Lieber, soll ich morgen
unsere weißen von
meinem Kissen lesen?

Für die Zeit nach der Zeit

Dies Gedicht ist für dich!
Für den Tag, da du
nicht mehr weiterweißt.

Damit du dich beim Lesen dann erinnerst,
wie zauberhaft du einst warst,
wie du geleuchtet hast
und gelacht und geraucht und
mit dem lässigen Übereinanderschlagen deiner Beine
auch jeden unsterblich gemacht hast,
der dir dabei zusah,
unsterblich für diesen Moment.

Oja, das Gedicht hier
ist wirklich nur für dich!
Ist für die Zeit nach der Zeit,
du weißt schon,
wenn du wenigstens mal wieder mit Worten
ganz fest in den Arm genommen werden willst.

Letzte Liebe

Im Laubnest
Zwei Blätter
Zusammengeschmiegt

Die Hauptblattader
Nur noch Rückgrat und
Dunkel der Grund

So sterben
Wie leicht
Wäre die Erde

SIBYLLE HOFFMANN

Dein Bart

Dein Bart, mein Lieber,
wird nun weiß
und sichtbar
wird die Lebenszeit,
die wir noch miteinander teilen.

Dein Bart, du, Lieber,
kratzt mich heute so
wie damals, als wir tanzten.
Er bürstet meine Falten aus –
ich werde uns vermissen.

Warte auf mich

wenn ich nicht schon da bin und
außer Atem dir kaum alles auf
einmal sagen und man mich nur
mit Küssen stoppen kann …

Warte auf mich, auch wenn ich
nicht komme.

Rhapsodisch

The point is love.

(Mary Jo Bang)

Ich habe mit den Vögeln gesprochen
ich habe Küsse gestickt
ich habe Blumen verschickt (auch virtuelle)
ich habe den Scheitel des Schattens berührt
und mein mitgenommenes Gesicht
ich habe eine strahlende Zeile geschrieben
für dich, für mich, für die Freunde
ich habe vom Licht geträumt
in verschiedenen Farben (hellgelb,
italienischrot)
ich habe die Wolken beschriftet,
den kondensstreifenlosen Himmel
ich habe Mozart gespielt
(mit fliegenden Fingern)
ich habe der Toten gedacht
(schlafloses Liegen)
ich habe Sätze gestreichelt und Bücher
ich habe telefonisch getröstet: bald bald
ich habe die Schulter ins Gras gelegt
die Vögel sangen wie wild

ich habe den Löwenzahn weggepustet,
als wär ich ein Kind
ich habe die Engel gefragt: wie viel Uhr?
ich habe Gott gefragt: bist du Natur?
ich habe den Mond geliebt
und den Apfelbaum
ich habe gelesen, vergessen, gestaunt
ich habe kein Hehl aus meiner Angst
gemacht (how fragile we are)
ich habe das Blond meines Enkels
gekrault, seinen Namen
ich habe versichert: da bin ich
ich habe gehört, wie er lacht
ist Freiheit froschgrün und
Güte ein Pakt?
ich weiss, dass ich nicht weiss,
aber mein Herz ist wach

Verzeichnis der Autorinnen und Autoren, Gedichte und Druckvorlagen

RUDOLF KRAUS (geb. 1961)   127
53   eifersucht
         Mit Genehmigung von Rudolf Kraus, Wien
         (Österreich).

HELMUT KRAUSSER (geb. 1964)
94   *Ich brauche deine Hand auf meiner*
         Aus: Glutnester. Gedichte. © 2021 Berlin Verlag in der
         Piper Verlag GmbH, Berlin und München.

MATTHIAS KRÖNER (geb. 1977)
105 Super Slow Motion
         Mit Genehmigung von Matthias Kröner, Ratzeburg.

HOLGER KÜLS (geb. 1963)
80   Folgen
         Mit Genehmigung von Holger Küls, Verden.

FITZGERALD KUSZ (geb. 1944)
21   liebe
         Mit Genehmigung von Fitzgerald Kusz, Nürnberg.

ALMA LARSEN (geb. 1945)
55   Lecker
         Mit Genehmigung von Alma Larsen, München.

CHRISTOPH LEISTEN (geb. 1960)
111 *alle reisen storniert, der himmel bleibt*
         Mit Genehmigung von Christoph Leisten,
         Würselen.

132   DIETER SCHÖNECKER (geb. 1965)
26   kurzer ritt mit john und coldplay in einer schnellen
maschine
Mit Genehmigung von Dieter Schönecker, Olpe.

RAOUL SCHROTT (geb. 1964)
18   eva
Mit Genehmigung von Raoul Schrott, Region Bregenzer
Wald (Vorarlberg, Österreich).

SILKE ANDREA SCHUEMMER (geb. 1973)
38   anspruch haltung
Mit Genehmigung von Silke Andrea Schuemmer, Berlin.

HELGA SCHULZ BLANK (geb. 1948)
83   Tanztee
Mit Genehmigung von Helga Schulz Blank, Esslingen.

XÓCHIL A. SCHÜTZ (geb. 1975)
51   *Mach deinen Mund auf*
Mit Genehmigung von Xóchil A. Schütz, Kirchberg
an der Murr.

ALFONS SCHWEIGGERT (geb. 1947)
22   Zahlenfolge
Mit Genehmigung von Alfons Schweiggert, München.

BARBARA SEEBERG (geb. 1941)
115   Liebesbrief
Mit Genehmigung von Barbara Seeberg, Gauting.

Ein Teil der Gedichte wurde erstmals in *Das Gedicht. Zeitschrift für Lyrik, Essay und Kritik. Bd. 28: Die Wiederentdeckung der Liebe*, herausgegeben von Anton G. Leitner, Weßling: Leitner Verlag 2020, veröffentlicht; fast alle weiteren Gedichte erscheinen hier zum ersten Mal.

ANTON G. LEITNER, geb. 1961 in München, lebt als Schriftsteller, Herausgeber und Verleger in Weßling (Lkr. Starnberg). Seit 1993 ediert er die buchstarke Jahresschrift *Das Gedicht*. Leitner veröffentlichte bislang mehr als 40 Anthologien, zuletzt im Reclam Verlag *Die Bienen halten die Uhren auf. Naturgedichte* (2020) sowie *Der Himmel von morgen. Gedichte über Gott und die Welt* (2018). Von ihm erschienen bislang dreizehn lyrische Einzeltitel, zu seinem 60. Geburtstag erscheint 2021 der Gedichtband *Wadlbeissn. Zupackende Verse* (Volk Verlag, München). Eine Werkauswahl seiner Gedichte wurde ins Englische sowie ins Französische übertragen (*Selected Poems 1981–2015*, Dublin: SurVision Books 2018; *voix en plein trafic / Stimmen im Verkehr*, Thonon-les-Bains: Alidades | collection Bilingues 2020). Leitner wurde mehrfach ausgezeichnet, u. a. mit dem »V. O. Stomps-Preis« der Stadt Mainz, dem »Bayerischen Poetentaler« und dem »Tassilo-Kulturpreis« der *Süddeutschen Zeitung*.

www.AntonLeitner.de
www.DasGedicht.de